Primeira edição de 1975

respostas da vida

Instituto de Divulgação Editora André Luiz S/C Ltda.

ESCLARECIMENTO AO LEITOR

Esta nova edição procura contemplar o texto de André Luiz, psicografado por Francisco Cândido Xavier, conforme registrado na primeira edição, arquivada e disponível para consulta nos acervos da FEB (Patrimônio do Livro e Biblioteca de Obras Raras).

Dessa forma, as modificações ocorrerão apenas no caso de haver incorreção patente quanto à norma culta vigente da Língua Portuguesa no momento da publicação, ou para atender às diretrizes de normalização editorial previstas no Manual de Editoração da FEB, sem prejuízo para o conteúdo da obra nem para o estilo do autor espiritual.

Quando se tratar de caso específico que demandar explicação própria, esta virá como nota de rodapé, para facilitar a compreensão textual.

Para a redação de cada nota explicativa, sempre que necessário foram consultados especialistas das áreas afetas ao tema, como historiadores e linguistas.

A FEB reitera, com esse procedimento, seu respeito às fontes originais e ao fenômeno mediúnico de excelência que foi sempre a marca registrada do inesquecível médium Francisco Cândido Xavier.

FEB Editora

Brasília (DF), 2 de setembro de 2022.

RESPOSTAS DA VIDA

CHICO XAVIER

Pelo Espírito

André Luiz

RESPOSTAS DA VIDA

IDEAL

FEB

Direitos licenciados pelo Grupo de Ideal Espírita André Luiz à Federação Espírita Brasileira
GRUPO DE IDEAL ESPÍRITA ANDRÉ LUIZ – IDEAL
Rua Lord Cockrane, 594 – Ipiranga
CEP 04213-002 – São Paulo (SP) – Brasil

3ª edição – 1ª impressão - 5 mil exemplares – 6/2025

ISBN 978-65-5570-715-1

Esta obra foi revisada com base no texto da primeira edição de 1975.

FEDERAÇÃO ESPÍRITA BRASILEIRA – FEB
SGAN 603 – Conjunto F – Avenida L2 Norte
70830-106 – Brasília (DF) – Brasil
www.febeditora.com.br
editorial@febnet.org.br
+55 61 2101 6161

Pedidos de livros à FEB
Comercial
Tel.: (61) 2101 6161 – comercial@febnet.org.br

Dados Internacionais de Catalogação na Publicação (CIP)
(Federação Espírita Brasileira – Biblioteca de Obras Raras)

L953r Luiz, André (Espírito)

Respostas da vida / pelo Espírito André Luiz; [psicografado por] Francisco Cândido Xavier. – 3. ed. – 1. imp. – Brasília: FEB; São Paulo: IDEAL, 2025.

168 p.; 13 cm

ISBN 978-65-5570-715-1

Inclui índice geral

1. Espiritismo. 2. Obras psicografadas I. Xavier, Francisco Cândido, 1910–2002. II. Federação Espírita Brasileira. II. Título.

CDD 133.93
CDU 133.7
CDE 80.03.00

SUMÁRIO

RESPOSTAS DA VIDA

A vida responde sempre às nossas indagações.

Estudos e pesquisas são problemas de longo alcance que o Espírito formula, à frente do Universo; invenções e descobertas constituem soluções que a Divina Sabedoria nos fornece pela escola do trabalho.

Muitos companheiros, endereçando inquirições ao nosso amigo André Luiz, inspiraram a ele a formação deste livro que lhe reúne as respostas, especialmente no que se refere aos temas de iluminação íntima e relacionamento comum, relativamente à nossa melhoria espiritual.

Entregando, assim, estas páginas aos leitores amigos, com a satisfação de quem usufrui o correio da amizade para trazer-lhes observações e notícias, sugestões e apontamentos de excelente companheiro do Plano Espiritual, rogamos a Jesus nos conduza pelos caminhos da Luz e do Amor, da Renovação e do Progresso que Ele mesmo nos traçou, inspirando-nos e abençoando-nos, tanto hoje quanto sempre.

EMMANUEL

Uberaba (MG), 21 de Maio de 1975.

1
Este dia

Este dia é o seu melhor tempo, o instante de agora.

Se você guarda inclinação para a tristeza, este é o ensejo de meditar na alegria da vida e de aceitar-lhe a mensagem de renovação permanente.

Se a doença permanece em sua companhia, surgiu a ocasião de tratar-se com segurança.

Se você errou, está no passo de acesso ao reajuste.

Se esse ou aquele plano de trabalho está incubado em seu pensamento, agora é o momento de começar a realizá-lo.

Se deseja fazer alguma boa ação, apareceu o instante de promovê-la.

Se alguém aguarda as suas desculpas por faltas cometidas, terá soado a hora em que você pode esquecer qualquer ocorrência infeliz e sorrir novamente.

Se alguma visita ou manifestação afetiva esperam por você, chegou o tempo de atendê-las.

Se precisa estudar determinada lição, encontrou você a oportunidade de fazer isso.

Este dia é um presente de Deus, em nosso auxílio; de nós depende aquilo que venhamos a fazer com ele.

2
Ganhando resistência

Reconhece você que a sua resistência precisa aumentar; por isso mesmo não despreze o esforço no bem algum tanto a mais além do nível.

•

Se o trabalho parece estafante, suporte mais um pouco as

dificuldades em que se lhe envolvem os encargos.

•

Onde lhe pareça já haver exercitado o máximo de humildade, apague-se um tanto mais em favor de outrem para que o seu grupo alcance a segurança ideal.

•

Demonstre um pouco mais de paciência nos momentos de inquietação e evitará desgostos incalculáveis.

•

Abstenha-se algo mais de reclamações mesmo justas, no que se reporta aos seus interesses pessoais, e observará quanta simpatia virá depois ao seu encontro.

•

Mostre um pouco mais de serenidade nos instantes de crise e você se transformará no apoio providencial de muita gente.

•

Confie algo mais na proteção da Bondade Divina e conseguirá superar obstáculos que se lhe figuravam intransponíveis.

•

Nos dias de enfermidade aguente um tanto mais as dificuldades do tratamento e você apressará as suas próprias melhoras de maneira imprevisível.

•

Tolere um tanto mais as intrigas que, porventura, lhe assediem o campo de ação, sem lhes oferecer qualquer importância e defenderá a sua própria felicidade, com inesperado brilhantismo.

•

Você vive no mundo em meio de provas e lutas, desafios e necessidades, ao modo de aluno entre as lições de que precisa na escola, em favor do próprio aproveitamento; aprenda a suportar os convites ao bem dos outros e você ganhará os melhores valores da resistência.

3
Ingredientes do êxito

O êxito espera por você, tanto quanto vem exaltando quantos lhe alcançaram as diretrizes.

Largue qualquer sombra do passado ao chão do tempo, qual a árvore que lança de si as folhas mortas.

Não se detenha, diante da oportunidade de servir.

Mobilize o pensamento para criar vida nova.

Melhore os próprios conhecimentos, estudando sempre.

Saliente qualidades e esqueça defeitos.

Desenvolva os seus recursos de simpatia e evite qualquer impulso de agressão.

Se você pode ajudar, em auxílio de alguém, faça isso agora.

Enriqueça o seu vocabulário com boas palavras.

Aprendendo a escutar, você saberá compreender.

A melhor maneira de extinguir o mal será substituí-lo com o bem.

Destaque os outros e os outros destacarão você.

Viva o presente, agindo e servindo com fé e alegria, sem afligir-se pelo futuro, porque, para viver amanhã, você precisará viver hoje.

Habitue-se a sorrir.

Recorde que desalento nunca auxiliou a ninguém.

Não permita que a dificuldade lhe abra porta ao desânimo, porque a dificuldade é o meio de que a vida se vale para melhorar-nos em habilitação e resistência.

Ampare-se amparando os outros.

Censura é uma fórmula das mais eficientes para complicar-se.

Abençoe a vida e todos os recursos da vida onde você estiver.

Nunca desconsidere o valor da sua dose de solidão, a fim de aproveitá-la em meditação e reajuste das próprias forças.

Observe: todo tempo é tempo de Deus para restaurar e corrigir, começar e recomeçar.

4
Viver melhor

Todos queremos ser felizes, viver melhor.

Entretanto, ouçamos a experiência.

A felicidade não é um tapete mágico. Ela nasce dos bens que você espalhe, não daqueles que se acumulam inutilmente.

Tanto isto é verdade que a alegria é a única doação que você pode fazer sem possuir nenhuma.

Você pode estar em dificuldade e suprimir muitas dificuldades dos outros.

Conquanto às vezes sem qualquer consolação, você dispõe de imensos recursos para reconfortar e reerguer os irmãos em prova ou desvalimento.

A receita de vida melhor será sempre melhorar-nos, através da melhora que venhamos a realizar para os outros.

A vida é dom de Deus em todos.

E quem serve só para si não serve para os objetivos da vida, porque viver é participar, progredir, elevar, integrar-se.

Se aspiramos a viver melhor, escolhamos o lugar de servir na causa do bem de todos.

Para isso, não precisa você condicionar-se a alheios pontos de vista.

Engaje-se na fileira dos servidores que se lhe afine com as aptidões.

Aliste-se em qualquer serviço no bem comum.

É tão importante colaborar na higiene do seu bairro ou na construção de uma escola, quanto auxiliar a uma criança necessitada ou prestar apoio a um doente.

Procure a paz, garantindo a paz onde esteja.

Viva em segurança, cooperando na segurança dos outros.

Aprendamos a entregar o melhor de nós à vida que nos rodeia e a vida nos fará receber o melhor dela própria.

Seja feliz, fazendo os outros felizes.

Saia de você mesmo ao encontro dos outros, mas não resmungue, nem se queixe contra ninguém. E os outros nos farão encontrar Deus.

Não julgue que semelhante instrução seja assunto unicamente para você que ainda se acha na Terra. Se você acredita que os chamados *mortos* estão em paz gratuita, o engano é seu, porque os *mortos* se quiserem paz que aprendam a sair de si mesmos e a servirem também.

5 Programação

De trabalho no presente;
De serviço aos semelhantes;
De confiança no futuro;
De pensamento no bem;
Da fidelidade ao dever;
Do cultivo da amizade;
Do exercício de paciência;
Da prática da bondade;
Do culto da gratidão;
Do devotamento ao estudo;

Deus Todo-Sábio nos ajude a lembrar.

•

De provações passadas;
De lágrimas vencidas;
Da tendência ao desânimo;
Do amigo que desertou;
Do adversário gratuito;
Do problema superado;
Da injúria sofrida;
Do encontro infeliz;
Da indução à censura;
Do verbo inútil;
Do tempo vago;
Deus Todo-Misericordioso nos ajude a esquecer.

6
Respostas no caminho

Trazendo a sua consciência tranquila, nos deveres que a vida lhe deu a cumprir, você pode e deve viver a sua vida tranquila, sem qualquer necessidade de ser infeliz.

•

Auxilie aos outros sem afligir-se demasiado com os problemas que apresentem, porque eles mesmos desejam solucioná-los por si próprios.

•

Não se fixe tão fortemente nos aspectos exteriores dos acontecimentos e sim coloque a sua visão interna nos fatos em curso, a fim de que a compreensão lhe clareie os raciocínios.

•

Dedique-se ao seu trabalho com todos os recursos disponíveis, reconhecendo que, se houver alguma necessidade de modificação em suas atividades, a sua própria tarefa lhe fará sentir isso sem palavras.

•

Se você experimentou algum fracasso na execução dos seus ideais, não culpe disso senão a você mesmo, refletindo na melhor maneira de efetuar o reajuste.

•

Se você realizar corretamente o seu trabalho, os seus clientes ou beneficiários virão de longe procurar o valor de sua experiência e de seu concurso.

•

Em qualquer indecisão, valorize os pareceres dos amigos que lhe falem do assunto, mas conserve a convicção de que a decisão será sempre de você mesmo.

•

Uma atitude de simpatia para com o próximo é sempre uma porta aberta em seu auxílio agora e no futuro.

•

Mesmo nas horas mais aflitivas, procure agir com serenidade e discernimento, porque de tudo quanto fizermos colheremos sempre.

•

A desculpa ante as faltas de que você tenha sido vítima, invariavelmente, é ação em seu próprio favor.

•

Quando provações e dificuldades lhe pareçam aumentadas, guarde paciência e otimismo, trabalhando e servindo, na certeza de que Deus faz sempre o melhor.

7 Presentes de amor

Quando você houver beneficiado a alguém, consolide a sua bondade com o silêncio sobre a dádiva que fez para que você não humilhe quem a recebe.

•

Não se oponha contra quem fale pelo simples prazer da contradita.

•

Preste uma informação sem desprimorar quem a solicita.

•

Converse sem desejar parecer maior ou melhor que os circunstantes.

•

Habitue-se a evitar confrontações para não ferir as suscetibilidades de quem ouve.

•

Tolere o apontamento menos feliz de algum amigo sem irritação e sem revide.

•

Cultive a paciência nos momentos difíceis, abstendo-se de agravar tribulações e problemas.

•

Não tente o coração alheio com promessas que não deseje nem possa cumprir.

•

Atenda ao bem pela alegria de servir, sem cobrar tributos de gratidão.

•

Não exija a cooperação dos outros em tarefas que você possa realizar por si mesmo.

•

Espalhando esses presentes de amor, estará você efetuando na organização cambial da vida os seus melhores investimentos de paz e felicidade.

8
Tema sempre nosso

Todos nós encontramos problemas.

E a vida sempre nos oferece soluções através do próximo.

•

O outro:
é o seu público;
o seu cliente;

o seu leitor;
o seu ouvinte;
o seu mentor;
o seu discípulo;
o seu enfermeiro;
o seu fornecedor;
o seu avalista;
e o seu fiscal.

•

Dos outros obtemos:
o apoio ao trabalho;
o conforto nas provações;
o convite ao progresso;
a lição na experiência;
o socorro nas crises;
a advertência no erro;
o estímulo ao serviço;

o desafio ao aperfeiçoamento;
a cooperação na tarefa;
e o amparo à própria sustentação.

•

Quando a Lei nos observa:

"Ame o próximo", está nos avisando que auxiliar aos outros será realmente auxiliar a nós mesmos.

9
Quanto aos outros

Se você acredita que pode alcançar a sublimação espiritual sem os outros, decerto ainda não chegou à verdade.

A vida foi criada, à feição de máquina complexa, em que as peças diferenciadas, entre si, guardam função específica.

Não fuja à engrenagem do seu grupo se deseja aperfeiçoar-se e progredir.

Os outros são as áreas destinadas à complementação e melhoria dos seus próprios reflexos.

Através deles, é que você se analisa para observar-se com segurança.

Não intente transformá-los, de imediato, porque qual ocorre conosco, são espíritos em evolução, caminhando entre dificuldades e sombras, para o conhecimento superior.

Não exija deles a perfeição que estamos ainda longe de possuir.

Esse nos ensina paciência, aquele a compreensão, aquele outro o imperativo da bondade, tanto quanto somos pessoalmente para cada um deles testes vivos nesses mesmos assuntos.

Acredite: sempre que os outros nos apareçam à maneira de problemas, somos para eles outros tantos problemas a resolver.

Diz você que precisa identificar-se com a vida e descobrir-se para fazer o melhor, entretanto, unicamente pelos outros é que você se encontra e se realiza para as conquistas supremas da felicidade e do amor.

10 Vivência

Habitualmente, perdemos tempo em desgosto inútil, quando nos achamos em antagonismo com alguém ou vice-versa.

Entretanto, vejamos:

os outros pensam segundo imaginam;

falam o que melhor lhes parece;

fazem o que lhes ocorre aos desejos;

abraçam o que lhes agrada;
adquirem o que estimam;
valorizam o que mais amam;
inclinam-se para aquilo que os atrai;
vivem com quem mais se afinam;
estão no caminho que escolheram;
acham sempre o que procuram.

Isso, porém, não é novidade, porque todos nos padronizamos por diretrizes idênticas: agimos como somos e reagimos, conforme a própria vontade, na condução de nossos impulsos. A novidade é reconhecer que os outros e nós teremos inevitavelmente aquilo que fizermos.

Alcançando a certeza disso, vale, acima de tudo, auxiliarmo-nos reciprocamente, sem queixas uns dos outros, de vez que nenhum de nós consegue aperfeiçoamento próprio senão à custa de numerosas experiências.

À frente da realidade, vivamos com as nossas lições, mantendo a consciência em paz, e deixemos aos outros o seu próprio dom de aprender e de viver.

11
Bilhete em resposta

O seu trabalho é a revelação de você mesmo.

•

Servir é a nossa melhor oportunidade.

•

Quando você age em favor de alguém, você está induzindo outros a agir em seu benefício.

•

Nunca se canse de auxiliar para o bem.

•

Desculpe sempre porque todos temos algum dia em que necessitamos de perdão.

•

Não alegue defeitos para deixar de servir, porque o trabalho é a bênção de Deus que nos suprime as deficiências.

•

Dificuldade é um teste de paciência.

•

Desprezo da parte de alguém é aula da vida para aquisição de humildade.

•

Você nem sempre terá o que deseja, mas, enquanto estiver ajudando aos outros, encontrará os recursos de que precise.

•

Depois de grande esforço para solucionar esse ou aquele problema, não se agaste se outro problema aparece, requisitando-lhe novo esforço, porque Deus renovará suas forças para recomeçar.

12
Conhecer-se

Não se menospreze. Eduque-se.

•

Não se marginalize. Trabalhe.

•

Não apenas administre. Obedeça.

•

Não apenas mande. Faça.

•

Não condene. Abençoe.

•

Não reclame. Desculpe.

•

Não desprimore. Dignifique.

•

Não ignore. Estude.

•

Não desajuste. Harmonize.

•

Não rebaixe. Eleve.

•

Não escravize. Liberte.

•

Não ensombre. Ilumine.

•

Não se lastime. Avance.

•

Não complique. Simplifique.

•

Não fuja. Permaneça.

•

Não dispute. Conquiste.

•

Não estacione. Renove.

•

Não se exceda. Domine-se.

•

Lembre-se: todos nós em tudo dependemos de Deus, mas os empresários de nosso êxito, em qualquer ocasião, seremos sempre nós mesmos.

13
Apelo de amigo

Não se deprecie.

Não diga que você não merece a bênção de Deus.

Atendamos à realidade.

Se a Divina Providência não confiasse em você, não teria você em mãos tarefas importantes quanto estas:

uma criatura querida a proteger;

alguém a instruir;

uma casa a sustentar;

um doente para assistir;

uma profissão a exercer;

esse ou aquele encargo, mesmo dos mais simples;

algum ensinamento a compor;

essa ou aquela atividade de auxílio aos semelhantes;

algum trato de terra a cultivar;

determinada máquina para conduzir.

•

Se a Sabedoria da Vida nada esperasse de você, não lhe teria doado tantos recursos, quais sejam:

a inteligência lúcida que auxilia a discernir o certo do errado;

a noção do bem e do mal;

as janelas dos cinco sentidos;

a capacidade mental cujas manifestações você pode aprimorar ao infinito, empregando o esforço próprio;

a visão do corpo e da alma com que você realiza prodígios de observação e de análise;

a palavra, que você é capaz de educar, e com a qual você encontra as maiores possibilidades de renovar o próprio destino;

a audição com que recolhe mensagens de todos os setores da existência tão só pelo registro de sons diferentes;

as mãos que lhe complementam os braços, expressando-se por antenas hábeis de serviço;

as faculdades genésicas que, iluminadas pelo amor e dirigidas pelo senso de responsabilidade, lhe conferem poderes incomparáveis de criatividade nos domínios do corpo e do espírito;

os pés que transportam você, atendendo-lhe a vontade.

•

Se você detém maiores áreas de ação ou usufrui vantagens mais amplas, no que se reporta aos encargos e benefícios aqui relacionados, então você já obteve significativas promoções nos quadros da vida.

Quanto a imperfeições ou deficiências que ainda nos marquem, convém assinalar que estamos em evolução na Terra, sem sermos espíritos perfeitos.

Reflitamos nisso e aceitemo-nos como somos, procurando melhorar-nos e, ao melhorar-nos, estaremos construindo o caminho certo para a Espiritualidade Maior.

14
Antes do berço

Antes do berço, na Espiritualidade, examinando as suas próprias necessidades de aperfeiçoamento terá você pedido:

a deficiência corpórea que induza à elevação de sentimentos;

a enfermidade de longa duração, capaz de educar-lhe os impulsos;

essa ou aquela lesão física que favoreça os exercícios de disciplina;

determinada mutilação que lhe iniba o arrastamento à agressividade exagerada;

o complexo psicológico que lhe renove as ideias;

o lar amargo onde possa aprender quanto vale a afeição;

o traço de prova que lhe impõe obstáculos no grupo social, a fim de esquecer enquistações de orgulho;

o reencontro com os adversários do passado, então na forma de parentes difíceis, atendendo a resgate de antigos débitos;

a impossibilidade temporária para a obtenção de um título acadêmico, de modo a frenar-se contra desmandos intelectuais;

a internação passageira em ambiente de pauperismo, de maneira a desenvolver a própria habilitação no trabalho pessoal.

Aceite as dificuldades e desafios da existência, porque, na maioria das circunstâncias, são respostas da Providência Divina aos nossos anseios de reajuste e sublimação.

15
Viver

Cada qual de nós, seja onde for, está sempre construindo a vida que deseja.

•

Existência é a soma de tudo o que fizemos de nós até hoje.

•

Toda melhoria que realizarmos em nós, é melhoria na estrada que somos chamados a percorrer.

•

Toda ideia que você venha a aceitar influenciará seu espírito; escolha os pensamentos do bem para orientar-lhe o caminho e o bem transformará sua vida numa cachoeira de bênçãos.

•

Se você cometeu algum erro não se detenha para lamentar-se; raciocine sobre o assunto e retifique a falha havida porque, somente assim, a existência lhe converterá o erro em lição.

•

Muito difícil viver bem se não aprendemos a conviver.

•

A vida por fora de nós é a imagem daquilo que somos por dentro.

•

Viver é lei da Natureza, mas a vida pessoal é a obra de cada um.

•

Toda vez que criticamos a experiência dos outros, estamos apontando em nós mesmos os pontos fracos que precisamos emendar em nossas próprias experiências.

•

Seu ideal é o seu caminho, tanto quanto seu trabalho é você.

16
Convivência

A vida vem de Deus, a convivência vem de nós.

•

Aqueles companheiros que nos partilham a experiência do cotidiano são os melhores que a Divina Sabedoria nos concede, a favor de nós mesmos.

•

Se você encontra uma pessoa difícil em sua intimidade, essa é a criatura exata que as leis da reencarnação lhe trazem ao trabalho de burilamento próprio.

•

As pessoas que nos compreendem são bênçãos que nos alimentam o ânimo de trabalhar, entretanto, aquelas outras que ainda não nos entendem são testes que a vida igualmente nos oferece, a fim de que aprendamos a compreender.

•

Recordemos: nos campos da convivência é preciso saber suportar os outros para que sejamos suportados.

•

Se alguém surge como sendo um enigma em seu caminho, isso quer dizer que você é igualmente um enigma para esse alguém.

•

Nunca diga que a amizade não existe; qual nos acontece, cada amigo nosso tem as suas limitações e se algo conseguimos fazer em auxílio do próximo, nem sempre logramos fazer o máximo, de vez que somente Deus consegue tudo em todos.

•

Se você realmente ama aqueles que lhe compartilham a estrada, ajude-os a ser livres para encontrarem a si mesmos, tal qual deseja você a independência própria para ser você, em qualquer lugar.

•

Quem valoriza a estima alheia, procura igualmente estimar.

•

Se você acredita que franqueza rude pode ajudar a alguém, observe o que ocorre com a planta a que você atire água fervente.

•

Abençoemos se quisermos ser abençoados.

17
Conversar

A palavra é um fio de sons carregado por nossos sentimentos; em razão disso aquilo que sentimos é o remoinho vibratório que nos conduzirá a palavra ao lugar certo que nos propomos atingir.

•

Quando falamos, cada qual de nós apresenta o próprio retrato espiritual passado a limpo.

•

Conversando, dialogamos; dialogando, aprendemos.

•

Quem condena atira uma pedra que voltará sempre ao ponto de origem.

•

As artes são canais de expressão derivados do verbo: a escultura é a palavra coagulada, a pintura é a palavra colorida, a dança é a palavra em movimento, a música é a palavra em harmonia; mas a palavra, em si, é a própria vida.

•

Quando haja de reclamar isso ou aquilo, espere que as emoções se mostrem pacificadas; um grito de cólera, muitas vezes, tem a força de um punhal.

•

Sempre que possa e quanto possa abstenha-se de comentar o mal; a palavra cria a imagem e a imagem atrai a influência que lhe diz respeito.

•

Você falou, começou a fazer.

•

Não fale na treva para que a treva não comece a caminhar por sua conta.

•

Abençoadas serão as suas palavras sempre que você fale situando-se na posição dos ausentes ou no lugar dos que lhe ouvem a voz.

18
Reciprocidade

Ação e reação consequente integram inderrogável lei da vida.

•

Procure ouvir a esperança e você encontrará a certeza da vitória.

•

Detenha-se no bem e obterá o *lado melhor* das pessoas e circunstâncias.

•

Auxilie a alguém e esse alguém se fará canal de auxílio em seu apoio.

•

Promova a tranquilidade alheia e a paz virá ao seu encontro.

•

Aproveite o seu tempo construindo elevação e o tempo lhe trará maravilhas.

•

Abençoe a vida e a vida lhe abençoará a existência.

•

Busque servir e o seu próprio trabalho lhe ofertará a orientação de que você necessite.

•

Ame aos semelhantes e os semelhantes retribuirão a você com medidas transbordantes de afeto.

•

Plante isso ou aquilo e você colherá dos recursos que semeou; alguém poderá dizer que isso é óbvio, entretanto, ligados no bem de todos, transfiramo-nos da palavra à vivência e decerto que surpresas iluminadas de alegria virão fatalmente a você se você experimentar.

19
Nos instantes difíceis

Nas dificuldades do dia a dia, esqueça os contratempos e siga em frente, recordando que Deus esculpiu em cada um de nós a faculdade de resolver os nossos próprios problemas.

•

A vida é aquilo que você deseja diariamente.

•

A renovação autêntica tem de começar em nós mesmos.

•

Você prepara o caminho de quaisquer ocorrências pensando em torno delas.

•

A palavra é porta de entrada para as suas realizações.

•

Carregar ressentimentos será bloquear os seus próprios recursos.

•

Encolerizar-se é dinamitar o seu próprio trabalho.

•

Não sofra hoje pela neurose que talvez lhe venha comprovar a compreensão e a resistência, em futuro remoto.

•

Os problemas existirão sempre ao redor de nós e apesar de nós.

•

Olvide ofensas e desgostos, tribulações e sombras e continue trabalhando quanto puder no bem de todos, recordando que o tópico mais importante de seu caminho será sempre servir.

20 Para agir melhor

Confie em Deus e em você mesmo para dirigir-se, mas entenda que você, por enquanto, ainda é um ser humano, sem ser um anjo.

•

Exercite autoaceitação, a fim de não se marginalizar nas idealizações negativas.

•

Não chore sem consolo sobre as experiências que se lhe fazem necessárias, porque a lamentação repetida conduz simplesmente à solidão e a solidão, mesmo brilhante, significa inutilidade e vazio.

•

Se você caiu em algum erro e consegue saber disso, já possui também discernimento bastante para retificar-se.

•

Guarde a lição do passado sem transportar consigo a embalagem dos problemas de que você a extraiu.

•

Compreendamos os outros nas lutas deles para sermos compreendidos em nossas dificuldades.

•

O tempo é um mercado de oportunidades constantes na construção do bem que podemos aproveitar, quanto e quando quisermos.

•

Se você espera progresso e milagres em seu caminho não pare de trabalhar.

•

Garantindo saúde e paz, equilíbrio e segurança em favor da própria vida, aceite os outros tais quais são, sem alimentar inveja ou ressentimento.

•

Recorde os talentos que lhe enriquecem a personalidade e as bênçãos que lhe valorizam a existência e lembre-se de que todo dia é momento de estender a prática do bem, esquecer o mal, aprender sempre mais e fazer o melhor.

21
Minidepósitos

Uma frase de louvor para quem trabalha.

Silenciar reclamações mesmo justas.

Abster-se de falar em momentos de irritação.

Repetir sem alteração de voz qualquer informação para a pessoa que não esteja ouvindo corretamente.

Adicionar esperança e otimismo à conversação.

Omitir as chamadas "verdades desagradáveis" sem benefícios para ninguém.

Evitar perguntas claramente desnecessárias.

Calar os defeitos do próximo.

Ouvir o interlocutor sem desviar-se do assunto.

Silenciar gracejos e ironias.

Falar motivando as criaturas para o bem.

Cultivar gentileza.

Observar respeito pelas tarefas alheias.

Deixar aos outros o direito de descobrirem as suas próprias realidades, sem qualquer ingerência nos assuntos que lhes pertençam à vida.

Negar-se a pejorativos e brincadeiras com essa ou aquela dificuldade orgânica, seja de quem for.

Querer os amigos em regime de liberdade.

Prestar serviço espontâneo.

Auxiliar sem ferir.

Admirar sem invejar.

Diminuir a tristeza ou suprimi-la onde a tristeza possa existir.

Compreender as lutas e problemas dos outros sem mostrar-se superior a quem sofre.

Alguns instantes de presença afetuosa onde alguém necessite de reconforto.

Auxiliar a uma criança difícil sem censuras posteriores.

Podar sem alarde problemas que existam ou que possam aparecer.

Evitar complicações.

Experimente lançar estes mini-depósitos na Organização Bancária da Vida e você receberá lucros surpreendentes pela Carteira do Bem.

22
Desculpar

Desculpe e você compreenderá.

•

Onde existe amor, não há lugar para ressentimento.

•

Ao colocar-se na condição de quem erra, seja qual seja o problema, de imediato, você notará que a compaixão nos dissolve qualquer sombra de crítica.

•

A existência humana é uma coleção de testes em que a Divina Sabedoria nos observa, com vistas à nossa habilitação para a Vida Superior; quem hoje condena o próximo não sabe que talvez amanhã esteja enfrentando os mesmos problemas daqueles companheiros presentemente em dificuldade.

•

Nos esquemas da Eterna Justiça, o perdão é a luz que extingue as trevas.

•

Às vezes, aquilo que parece ofensa é o socorro oculto do Mundo Espiritual em seu benefício.

•

A misericórdia vai além do perdão, criando o esquecimento do mal.

•

Em muitas ocasiões, a Divina Providência nos permite erro para que aprendamos a perdoar.

•

A indulgência é a fonte que lava os venenos da culpa.

•

Perdão é a fórmula da paz.

•

Aprendamos a tolerar, para que sejamos tolerados.

23
Pensar

O pensamento é a nossa capacidade criativa em ação. Em qualquer tempo, é muito importante não nos esquecermos disso.

•

A ideia forma a condição; a condição produz o efeito; o efeito cria o destino.

•

A sua vida será sempre o que você esteja mentalizando constantemente. Em razão disso, qualquer mudança real em seus caminhos, virá unicamente da mudança de seus pensamentos.

•

Imagine a sua existência como deseja deva ser e, trabalhando nessa linha de ideias, observará que o tempo lhe trará as realizações esperadas.

•

As leis do destino carrearão de volta a você tudo aquilo que você pense. Nesta verdade, encontramos tudo o que se relacione conosco, tanto no que se refere ao bem quanto ao mal.

•

Observe e verificará que você mesmo atraiu para o seu campo de influência tudo o que você possui e tudo aquilo que faz parte do seu dia a dia.

•

Deus é Amor e não pune criatura alguma. A própria criatura é que se culpa e se corrige, ante os falsos conceitos que alimente com relação a Deus.

•

Em nosso íntimo a liberdade de escolher é absoluta; depois da criação mental que nos pertence, é que nos reconhecemos naturalmente sujeitos a ela.

•

O Bem Eterno é a Lei Suprema; mantenha-se no bem a tudo e a todos e a vida se lhe converterá em fonte de bênçãos.

•

Através dos princípios mentais que nos regem, de tudo aquilo que dermos de nós aos outros receberemos dos outros centuplicadamente.

24
Trabalhar

Se você acredita no valor da preguiça, olhe a água parada.

•

Seja qual seja o seu problema, o trabalho será sempre a sua base de solução.

•

Não existe processo de angústia que não se desfaça ao toque do trabalho.

•

Diante de qualquer sofrimento, o trabalho é o nosso melhor caminho de libertação.

•

O segredo da paz íntima é agir um tanto mais além de nossas supostas possibilidades na construção do bem.

•

Não se aborreça se alguns companheiros lhe abandonaram a estrada; continue em seu próprio dever e o trabalho lhe trará outros.

•

O que você faz é aquilo que você tem.

•

A força está com a razão, mas a razão está do lado de quem trabalha.

•

Todos os medicamentos são valiosos na farmácia da vida, mas o trabalho é o remédio que oferece complemento a todos eles.

•

Quem trabalha encontra meios de esclarecer, mas não tem tempo de discutir.

•

O sucesso quase sempre se forma com uma parte de ideal e noventa e nove partes de suor na ação que o realiza.

25
Talvez hoje

Talvez hoje:

•

Surgirá quem procure ditar-lhe o que você precisa fazer, entretanto, embora agradecendo as elogiáveis intenções de quem lhe oferece pontos de vista, ouça, antes de tudo, a sua própria consciência quanto ao dever que lhe cabe;

•

é possível apareça algum coração amigo impondo-lhe quadros de pessimismo e perturbação, relativamente às dificuldades do mundo; compadecendo-se, porém, da criatura que se entrega ao derrotismo e ao desânimo, você observará a renovação para o bem que a Sabedoria Divina promove em toda parte;

•

é provável que essa ou aquela pessoa queira impor a você ideias de fadiga e doenças; mas conquanto a sua gratidão aos que lhe desejem bem-estar, você prosseguirá trabalhando e servindo ao alcance de suas forças;

•

possivelmente, notícias menos agradáveis venham a suscitar-lhe inquietações e traçar-lhe problemas; no entanto, você conservará a própria paz e não se desligará das suas orações e pensamentos de otimismo e esperança.

•

Talvez hoje tudo pareça contra você, mas você prosseguirá compreendendo e agindo, em apoio do bem, guardando a certeza de que Deus está conosco e de que amanhã será outro dia.

26
Doações mínimas

Não subestime as chamadas "pequenas doações".

•

O prato frugal que você oferece ao necessitado será provavelmente o recurso de que precisa a fim de liberar-se dos últimos riscos da inanição.

•

A peça de vestuário que você entregou ao companheiro em

penúria terá representado o apoio providencial com que se livrou de moléstia grave.

•

A reduzida poção de remédio que conseguiu você doar em favor de um doente foi talvez o socorro que o auxiliou a desviar-se do derradeiro corredor em que resvalaria para a morte.

•

A visita rápida que você levou ao enfermo pode ter sido o estímulo inesperado que o arrancou do desânimo para os primeiros passos, em demanda ao levantamento das próprias forças.

•

O bilhete ligeiro que você endereçou ao irmão em dificuldade, ofertando-lhe reconforto, possivelmente se transformou na âncora em que haverá retomado o acesso à esperança.

•

O minuto de tolerância com que você suportou a exigência de uma pessoa, em difícil conversação, haverá sido aquele que a ajudou a descompromissar-se com um encontro desagradável ou com determinado acidente.

•

Algumas poucas frases num diálogo construtivo serão o veículo pelo qual o seu interlocutor evitará render-se a ideias de suicídio ou delinquência.

•

Os seus instantes de silêncio caridoso, à frente desse ou daquele agressor, significarão o amparo de que não prescinde, a fim de aceitar a necessidade da própria renovação.

•

Não menospreze o valor das minidoações.

O seu concurso supostamente insignificante pode ser o ingrediente complementar que esteja faltando em valiosa peça de salvação.

27

Pacificar

Não perturbe. Tranquilize.

•

Não grite. Converse.

•

Não critique. Auxilie.

•

Não acuse. Ampare.

•

Não se irrite. Sorria.

•

Não fira. Balsamize.

•

Não se queixe. Compreenda.

•

Não condene. Abençoe.

•

Não exija. Sirva.

•

Não destrua. Edifique.

•

Recorde: a Humanidade é uma coleção de grupos e a paz do grupo de corações a que pertencemos começa de nós.

28 Melhorar

Melhore sempre as suas condições pessoais, pelo trabalho e pelo estudo, a fim de que você possa melhorar a vida, em derredor de você.

•

Obrigação cumprida será sempre o nosso mais valioso seguro de proteção.

•

Amplie quanto puder, a sua exportação de gentileza.

•

Fazer "algo mais que o próprio dever", em benefício dos outros, é criar um gerador de simpatia, em nosso auxílio.

•

Esqueçamos o que não serve para o bem, a fim de que se realize o melhor.

•

Reclamar é ferir-se.

•

Se você deseja vencer, aprenda a sorrir, além do cansaço.

•

O grupo familiar recorda a terra que produz para nós, segundo a nossa própria plantação.

•

Esperança vitoriosa é aquela que não deixa de trabalhar.

•

Guarde as suas impressões infelizes para não prejudicar o caminho dos outros.

29
Itens da paz

Aflição perante desastres iminentes?

Talvez não aconteçam.

•

Contrariedades e contratempos?

Quase sempre são medidas da Espiritualidade Superior livrando-lhe o coração de males maiores.

•

Desgostos de longo alcance?

Oportunidades de revisão de nosso próprio comportamento.

•

Injúrias e perseguições?

Os que agravam o próximo são doentes necessitados de internação na clínica do silêncio e da prece.

•

Preterições?

Compadeça-se dos que se dispõem a tomar o direito dos outros, porque ignoram os problemas que serão compelidos a enfrentar.

•

Erros nossos?

Ensejo bendito de corrigenda em nós por nós mesmos.

•

Faltas ou quedas de entes queridos?

Respeitemos as experiências deles reconhecendo que estamos à frente de nossas próprias lições.

•

Dificuldades?

A provação é o metro de avaliação de nossa própria fé.

•

Moléstias físicas?

Pausas para iluminação e refazimento da vida espiritual.

•

Profecias inquietantes?

Reflitamos: o Sol que se levantou ontem pela misericórdia de Deus, pela misericórdia de Deus brilhará para nós também hoje.

30
Males e remédios

Inconformação diante do sofrimento?

Olhe em derredor e reconhecerá legiões de pessoas que sofrem muito mais, sem as suas possibilidades de reconforto.

•

Desentendimento em família?

Oriente as crianças de casa e respeite os adultos, deixando a eles a faculdade de se decidirem, quanto às próprias realizações, qual acontece no mundo íntimo de cada um de nós.

•

Algum erro cometido?

Reconsidere a própria atitude e não se constranja em aceitar as suas deficiências, de modo a corrigi-las.

•

Erros alheios?

Observando-se quão difícil aprender sem errar, saibamos desculpar os desacertos dos outros, tanto quanto esperamos tolerância para os nossos.

•

Entes queridos em falha?

Deus que nos criou a todos saberá conduzi-los sem que tenhamos a obrigação de arrasar-nos ao vê-los adquirindo as experiências da vida, pelas quais também nós temos pago ou pagaremos o preço que nos compete.

•

Provação?

Uma visita ao hospital pode dar a você a ficha de suas vantagens em relação aos outros.

•

Problemas?

Não se sabe de criatura alguma que evolua ou se aperfeiçoe, sem eles, incluindo aquelas que se supõem tranquilas por estarem fugindo provisoriamente de trabalhar.

•

Angústia?

Ao que se conhece, todo tratamento para a supressão da ansiedade está baseado ou complementado pelo serviço em favor de alguma causa nobre ou em auxílio de alguém.

•

Censura?

Um minuto de autoanálise nos fará sentir que não estamos muito certos, quanto à nossa própria resistência, se acaso estivéssemos no lugar daqueles que jazem caídos em desapreço.

•

Desilusões e fracassos no relacionamento afetivo?

Experimente Jesus.

31
O estranho cansaço

Quando você estiver pensando:
nas hostilidades do mundo...
nas aflições capazes de surgir...
nos erros das pessoas queridas...
na desorientação de algum parente...
nos críticos que lhe observam a estrada...

na angústia que lhe ensombra o coração...

no desprezo de que se crê vítima...

nas ingratidões que supõe haver sofrido...

na deserção de algum ente amado...

nos seus próprios desejos desatendidos...

Não se admita em doença grave, nem julgue que você esteja querendo socorrer o mundo ou melhorá-lo.

Com semelhantes problemas você apenas demonstra que se cansou de estar unicamente em si mesmo, na concha do "eu", em que se isola.

Quando isso estiver acontecendo consigo, você tão somente sofre de cansaço emocional e, para curar-se, basta uma indicação:

– Busque esquecer-se, fuja de si mesmo, reflita nos problemas dos companheiros em dificuldades maiores do que as nossas e procuremos trabalhar.

32 Resposta da construção

Não permita que a ansiedade lhe desgaste as forças, ante os problemas da vida.

Numa simples construção, a serenidade e a disciplina nos fornecem diretrizes de atitude e proveito.

•

A pedra submeteu-se ao martelo e fez-se alicerce.

A madeira aguentou o serrote e converteu-se em utilidade do piso ao teto.

O barro suportou o fogo e ergueu-se em alvenaria.

O minério passou pelo calor de tensão alta e produziu o aço que estrutura a segurança.

O fio deixou-se prender e transformou-se em condutor de energia.

Agentes diversos da Natureza se conjugaram e compõem a lâmpada para o serviço da luz.

Tudo na construção atende a planos de orientação e trabalho, obediência e equilíbrio.

Observemos a lição e analisemos o que estamos fazendo de nós na edificação do Eterno Bem.

33
Agentes do contra

A lembrança amarga não consertará o passado.

•

A tristeza não lhe trará luz ao pensamento.

•

O desânimo não tem condições de prestar auxílio.

•

O azedume não pacifica o mundo íntimo.

•

A revolta não lhe fará ver o caminho justo.

•

A crítica é fator de mais solidão.

•

A irritação é a companheira do fracasso.

•

A intolerância afasta a simpatia.

•

O ressentimento é veneno em você mesmo.

•

A condenação é treva que se espalha.

•

Evitemos esses agentes do contra e procuremos trabalhar, na certeza de que, servindo, encontraremos a bênção da alegria por nosso clima permanente de luz.

34

Em seu auxílio

Conserve a própria fé, por tal modo, que você não possa se afligir, excessivamente, em nenhuma dificuldade.

•

Guarde otimismo, com tamanha elevação que os contratempos da vida não lhe venham a ferir.

•

Habitue-se à tolerância com tanta fidelidade que consiga se ver sempre na posição da pessoa menos simpática, evitando ressentimento ou a censura.

•

Cultive o amor ao próximo, com tanto empenho que você não consiga fixar-se em qualquer aversão.

•

Creia na influência e na vitória do bem, com tanta convicção, que não possa prender-se à qualquer ideia do mal.

•

Sustente a própria compreensão, de tal maneira que não disponha de meios para ver inimigos e sim amigos e instrutores, em toda parte.

•

Resguarde-se no trabalho, com tanta dedicação ao bem que não conte com qualquer ensejo de atrapalhar aos outros.

•

Faça o melhor que puder, em qualquer situação, com tamanho devotamento à felicidade alheia que não sofra arrependimento ou remorso, em tempos de crise.

•

Atenda à harmonia, onde estiver, com tanta pontualidade que

não encontre motivos para perder a própria segurança.

•

Consagre-se a descobrir o "lado bom" das criaturas e das situações, com tanta pertinácia que não ache oportunidade para criticar a ninguém.

•

Se fizermos isso, estejamos certos de que assim venceremos.

35
Inquietação

Se a inquietação passou a dominar-lhe o caminho, pense nela como sendo um parasito a corroer-lhe a vida e trate de arrancá-la em seu próprio favor.

•

Se a enfermidade lhe visita o corpo, não é com o fogo da aflição que você colaborará na própria cura e sim encarando-a, com aceitação e tratamento para afastá-la.

•

Se alguma ocorrência desagradável lhe impôs aborrecimentos, passe por ela e siga à frente, em sua própria tarefa, à maneira de quem não precisa parar em viagem por haver encontrado uma pedra.

•

Se você cometeu quaisquer erros, admita-os, fazendo quanto puder para não reincidir neles, mas lembrando sempre que você não é uma entidade angélica e sim uma criatura matriculada na escola humana.

•

Se o erro de alguém é a causa de sua inquietação, envie pensamentos de paz e compreensão a esse alguém, sem violentar-lhe os pontos de vista, de criatura incompleta quanto você mesmo, no educandário do mundo.

•

Se você faliu em algum empreendimento, note que se você prosseguir trabalhando, o fracasso, em breve, lhe servirá de lição para melhoria e sucesso.

•

Se você almeja situações que presentemente não consegue alcançar, faça o melhor que possa, onde esteja, e, sem dúvida, trabalhando sempre, você atingirá o lugar que deseja.

•

Se você sofre críticas indébitas, fique com a sua consciência e deixe aos outros os pensamentos e atitudes que pertencem a eles mesmos.

•

Se você receia a velhice do corpo, lembre-se de que a existência física avançada no tempo não é a noite de hoje e sim o alvorecer de amanhã.

•

Se a inquietação persiste em você, procure envolvê-la no calor do serviço, porque, servindo, você conseguirá esquecer-se e, ao esquecer-se no bem dos outros, você estará em paz na força construtiva do bem.

36
Reclamações

Aprendamos a evitar reclamações para não agravar dificuldades.

•

Perante situações em que a corrigenda se faça realmente necessária, entregue as circunstâncias aos responsáveis pela orientação delas, que sabem quando e como intervir.

•

Se você achou o ponto nevrálgico de alguma crise, terá encontrado o lugar onde o proveito geral lhe pede auxílio.

•

Procurando retificar algum erro, vale mais o seu conhecimento do bem que o seu conhecimento do mal.

•

Resguardando a harmonia de todos, imagine-se na condição da pessoa em que você pretende colocar o seu problema.

•

Reflita nas tribulações que provavelmente estará atravessando a criatura a quem você deseja apresentar a sua crítica.

•

A sua reclamação não lhe trará vantagem alguma.

•

Azedume para com as pessoas das quais você espera cooperação e serviço é o modo mais seguro de preveni-las contra o seu próprio interesse.

•

Qualquer pessoa, quando cultive a paz, pode retirar-se em paz do lugar, onde se julgue em desarmonia ou desapreço.

•

Experimente desculpar sempre, porquanto aquilo que nos parece falha nos outros, pode surgir por falha igualmente em nós e, em se tratando de desculpar, se hoje podemos dar, chegará sempre para cada um de nós o dia de receber.

37

Se você puder

Se você puder, hoje ainda:

olvide contratempos e mostre um sorriso mais amplo para aqueles que lhe compartilham a vida;

•

dê mais um toque de felicidade e beleza em seu recanto doméstico;

•

faça a visita, mesmo ligeira, ao doente que você deseja reconfortar;

escreva, ainda que seja simples bilhete, transmitindo esperança e tranquilidade, em favor de alguém;

•

melhore os seus conhecimentos, no setor de trabalho a que esteja empregando o seu tempo;

•

estenda algo mais de otimismo e de alegria aos que se encontrem nas suas faixas de convivência;

•

procure esquecer – mas esquecer mesmo – tudo o que se lhe faça motivo de tristeza ou aborrecimento;

•

leia alguma página edificante e escute música que pacifique o coração;

•

dedique alguns minutos à meditação e à prece;

•

pratique, pelos menos, uma boa ação sem contar isso a ninguém.

•

Estas indicações de apoio espiritual, se forem observadas, farão grande bem aos outros, mas especialmente a você mesmo.

38
Sempre melhor

Não se diga pior em momento algum.

Se você já consegue escutar com paciência nas horas difíceis...

Se pode silenciar a própria irritação nas horas amargas...

Se tem ânimo para sofrer sem lamentação...

Se já suporta os problemas da própria casa, procurando solucioná-los sem azedume e sem queixa...

Se tem força para calar esse ou aquele assunto infeliz...

Se respeita a liberdade dos outros...

Se aguenta a visita da enfermidade sem alarmar o ambiente onde se encontre...

Se desculpa ofensas reconhecendo que somos também capazes de ofender...

Se procura o trabalho com alegria...

Se confia em Deus e espera por Deus, sem desesperar, sejam quais sejam as circunstâncias da vida...

Então, você já terá melhorado muito e prosseguirá sempre melhor.

39

Sinal de perigo

Habitue-se a considerar o ressentimento por sinal de perigo que se deve claramente evitar.

•

Se a razão para queixa é algum problema doméstico, anote em silêncio a maneira pela qual poderá você cooperar, na rearmonização do grupo familiar e auxilie para que o ponto nevrálgico seja extinto.

•

Ante uma criatura de quem recebeu ou esteja recebendo ofensa ou dificuldade, medite no valor de que essa mesma pessoa se reveste para os outros e esqueça qualquer motivo de mágoa que lhe tenha chegado ao coração.

•

Nos desajustes de opinião ou comportamento, admita nos outros a mesma liberdade de pensar que a vida lhe implantou na cabeça.

•

Aquilo que muitas vezes tomamos por indiferença ou desconsideração naqueles que nos cercam é cansaço ou doença neles e não hostilidade contra nós.

•

Fracassos, de qualquer modo, são sempre convites a que partamos para tarefas novas e melhores, compelindo-nos a sair da insegurança.

•

Dedicações incompreendidas são cursos de burilamento íntimo em que podemos aprender a amar sem o culto do egoísmo no qual "sermos amados" costuma ser a nossa preocupação.

•

Perdoe quaisquer golpes com que a vida lhe esteja ministrando aulas de experiência e recorde que você está no rio de bênçãos em que Deus lhe situou a bênção da vida.

•

O trabalho, especialmente quando se expresse por serviço aos outros, é o preservativo que nunca falha contra qualquer perigo no campo do espírito.

•

Ressentimento é sempre indução à enfermidade e desequilíbrio; diante de problemas e obstáculos com que sejamos defrontados, nos caminhos do tempo, recorramos à prece e a oração nos renovará por dentro, transfigurando a sombra em presença de luz.

40
Respostas de Deus

Eis algumas das respostas de Deus, nos fundamentos da vida, através da Misericórdia Perfeita:

o bem ao mal;
amor ao ódio;
luz às trevas;
equilíbrio à perturbação;
socorro à necessidade;

trabalho à inércia;
alegria à tristeza;
esquecimento às ofensas;
coragem ao desânimo;
fé à descrença;
paz à discórdia;
renovação ao desgaste;
esperança ao desalento;
recomeço ao fracasso;
consolo ao sofrimento;
justiça à crueldade;
reparação aos erros;
conhecimento à ignorância;
bênção à maldição;
amparo ao desvalimento;
verdade à ilusão;
silêncio aos agravos;

companhia à solidão;
remédio à enfermidade;
e sempre mais vida aos processos da morte.

Efetivamente, podemos afirmar que Deus está sempre ao nosso lado, mas pelas respostas de Deus, no campo da vida, ser-nos-á possível medir sempre as dimensões de nossa permanência pessoal ao lado de Deus.

Índice geral[1]

[1] Os números remetem aos capítulos.

RESPOSTAS DA VIDA				
EDIÇÃO	IMPRESSÃO	ANO	TIRAGEM	FORMATO
1	1	2021	500	14x21
1	2	2022	200	14x21
1	IPT*	2023	200	14x21
1	IPT	2023	300	14x21
1	IPT	2024	200	14x21
1	IPT	2024	410	14x21
1	IPT	2025	200	14x21

*Impressão pequenas tiragens

Edições de bolso

EDIÇÃO	IMPRESSÃO	ANO	TIRAGEM	FORMATO
1	1	2021	500	7,5x10
1	2	2022	200	7,5x10
2	IPT	2023	250	10x15
2	2	2023	1000	10x15
3	1	2025	5000	10x13

BIOGRAFIA DE

CHICO XAVIER

Um dos mais destacados expoentes da cultura brasileira do século XX, Chico Xavier nasceu em 1910 e, desde os 5 anos, começou a ver e ouvir os Espíritos, tendo estabelecido com eles um relacionamento que deu resultado à publicação de mais de 400 obras.

Esse intenso trabalho foi interrompido apenas em 2002, ano de sua desencarnação, e resultou em um acervo de diversos gêneros literários, como poemas, contos, crônicas, romances, obras de caráter científico, filosófico e religioso.

Testemunhando qualidade literária extraordinária, as obras de Chico Xavier são um autêntico sucesso editorial e já alcançaram mais de 25 milhões de exemplares somente em língua portuguesa. Muitos de seus livros são *best-sellers* indiscutíveis, inspirando a produção de filmes, peças de teatro, programas e novelas de televisão.

De personalidade bondosa, nosso querido Chico sempre se dedicou ao auxílio dos mais necessitados; o trabalho em benefício do próximo possibilitou ao médium a indicação, por mais de 10 milhões de pessoas, ao Prêmio Nobel da Paz de 1981. No ano de 2012, Francisco Cândido Xavier foi eleito “O maior brasileiro de todos os tempos”, em evento realizado pelo Sistema Brasileiro de Televisão (SBT).

BIOGRAFIA DE

ANDRÉ LUIZ

Parceiro frequente de Francisco Cândido Xavier, o Espírito André Luiz descreve-se como um aprendiz. Seu verdadeiro nome nunca foi revelado, entretanto, sabe-se que foi médico sanitarista quando encarnado, no Rio de Janeiro do início do século XX.

O primeiro livro de sua autoria espiritual foi publicado na década de 1940: *Nosso Lar*, considerado fundamental no estudo do Mundo Espiritual por apresentar descrições e evidências da vida após a morte.

Dentre os autores espirituais que ditaram obras, André Luiz é considerado um dos mais fiéis aos preceitos da Doutrina Espírita e às palavras de Allan Kardec, sendo seus textos considerados sinônimo de lealdade e de respeito aos ideais da Codificação.

O trabalho de André Luiz no Mundo Espiritual deu origem a várias obras, das quais 27 são publicadas pela FEB, algumas das quais traduzidas para diversos idiomas e adaptadas para o teatro e cinema.

Livro espírita para um novo mundo
www.febeditora.com.br
@febeditoraoficial
@febeditora

Conselho Editorial:
Carlos Roberto Campetti
Cirne Ferreira de Araújo
Evandro Noleto Bezerra
Geraldo Campetti Sobrinho – Coord. Editorial
Jorge Godinho Barreto Nery – Presidente
Maria de Lourdes Pereira de Oliveira
Miriam Lúcia Herrera Masotti Dusi

Produção Editorial:
Elizabete de Jesus Moreira
Luciana Vecchi M. Cunha

Revisão:
Feb Editora

Capa, Projeto Gráfico e Diagramação:
Luciano Carneiro Holanda

Foto de capa:
Imagem gerada por AI através da ferramenta firefly.adobe.com

Normalização Técnica:
Biblioteca de Obras Raras e Documentos Patrimoniais do Livro

Esta edição foi impressa pela Ipsis Gráfica e Editora S.A., Santo André, SP, com tiragem de 5 mil exemplares, todos em formato fechado de 100x130 mm e com mancha de 74x102 mm. Os papéis utilizados foram o Off white 70 g/m² para o miolo e o revestimento Couche fosco 150 g/m² para a capa dura. O texto principal foi composto em fonte Iowan Old Style Roman 13,5/16,2 e os títulos em AkzentCondLight 33/32. Cor Pantone 3155 U. Impresso no Brasil. *Presita en Brazilo.*